BEI GRIN MACHT SICH IHR WISSEN BEZAHLT

- Wir veröffentlichen Ihre Hausarbeit, Bachelor- und Masterarbeit

- Ihr eigenes eBook und Buch - weltweit in allen wichtigen Shops

- Verdienen Sie an jedem Verkauf

Jetzt bei www.GRIN.com hochladen und kostenlos publizieren

Betrieblicher Gruppendruck und Einstellungsänderung. Konformität nach Solomon Asch

Bibliografische Information der Deutschen Nationalbibliothek:

Die Deutsche Nationalbibliothek verzeichnet diese Publikation in der Deutschen Nationalbibliografie; detaillierte bibliografische Daten sind im Internet über http://dnb.d-nb.de abrufbar.

ISBN: 9783346480972
Dieses Buch ist auch als E-Book erhältlich.

© GRIN Publishing GmbH
Nymphenburger Straße 86
80636 München

Druck und Bindung: Books on Demand GmbH, Norderstedt Germany
Gedruckt auf säurefreiem Papier aus verantwortungsvollen Quellen

Das vorliegende Werk wurde sorgfältig erarbeitet. Dennoch übernehmen Autoren und Verlag für die Richtigkeit von Angaben, Hinweisen, Links und Ratschlägen sowie eventuelle Druckfehler keine Haftung.

Das Buch bei GRIN: https://www.grin.com/document/1103935

Sonderprüfung

Einsendeaufgabe

Alternative A, B oder C

SRH Fernhochschule – The Mobile University

Modul: Persönlichkeits- und Sozialforschung

Studiengang:

Wirtschaftspsychologie, Management und Leadership MSc

Inhaltsverzeichnis

Abkürzungsverzeichnis

DSM-IV	Diagnostic and Statistical Manual of Mental Disorders
EU	Europäische Union
ICD-10	International Classification of Disorders
Vgl.	vergleiche
WHO	World Health Organization
DIMDI	Deutsches Institut für medizinische Dokumentation und Information

1. Aufgabe C1 Gruppendruck und die Einflussfaktoren bei Entscheidungsprozessen

Solomon Asch hat zum Thema Gruppendruck eine Reihe von Experimenten veröffentlicht. In dieser Aufgabe sollen die zentralen Befunde und die Einflussfaktoren für Konformität dargestellt werden. Wie sich diese Faktoren negativ bei betrieblichen Entscheidungen auswirken und wie Entscheidungsprozesse konstruktiv gestaltet werden können, werde ich anhand konkreter Beispiele aufzeigen.

1.1 Zentrale Befunde aus den Experimenten von Asch und Einflussfaktoren für Konformität

Das von Solomon Asch 1951 durchgeführte Experiment, besser bekannt als Konformitätsexperiment, ist eine Studie, welche die Beeinflussung der Meinung bzw. des Urteils einer Einzelperson durch das Urteil bzw. die Meinung einer Gruppe untersucht. Ziel des Experimentes war es, aufzuzeigen, inwiefern Menschen sich in eindeutigen Situationen der Konformität abwenden. Angesichts grundlegender menschlicher Bedürfnisse nach sozialen Kontakten ist das Verhalten oft konform, auch wenn bewusst ist, dass eine andere Verhaltensweise sicher ist. Im Experiment von Asch sollten Gruppen mit eingeweihten Mitgliedern und je einen Probanden eine Standardlinie mit drei Vergleichslinien vergleichen und beurteilen, welche Linie der Länge der Standardlinie gleicht. Die eingeweihten Gruppenmitglieder wurden angehalten wissentlich ein falsches Ergebnis zu verkünden. Die Mehrheit der Probanden schlossen sich, trotz offensichtlicher falscher Antwort der Meinung der Gruppe an. Die Ergebnisse des Experimentes zeigten, dass dem Druck der Konformität nicht widerstanden wird und der Mensch der Gruppe nachgibt, indem seine eigene Meinung durch die Meinung einer ganzen Gruppe beeinflusst und verändert wird.[1] Konformität bedeutet also sich einer Gruppe anzupassen und dem Gruppendruck unterzuordnen, bzw. sich an den Normen einer Bezugsgruppe zu orientieren. Die Verhaltensänderung erfolgt immer, um mit der Gruppe eine größere Übereinstimmung zu finden. Dazu muss die Gruppe aktiv keinen Druck ausüben oder gar mit Sanktionen drohen, es reicht allein die Anwesenheit mehrerer Personen mit abweichenden Urteilen.[2] Durch dieses Phänomen werden Entscheidungsprozesse von Gruppen maßgeblich beeinflusst werden und soziale Normen unser Verhalten beeinflussen.[3] Soziale Kontakte sind ein grundlegendes menschliches Bedürfnisses angesichts dessen verhalten sich Menschen konform, um akzeptiert zu werden, obwohl man selbst eine andere Meinung oder Einstellung verfolgt. Durch implizite oder explizite Regeln wird das Verhalten

---

[1] Vgl. Aronson et. al. (2008), S. 241ff.
[2] Vgl. Weinert (2004), S. 430
[3] Vgl. Asch (1951), S. 177ff.; Vgl. Jonas et al. (2007), S. 379ff.

der Gruppenmitglieder geregelt. Schließt man sich einer Gruppe an, ist schnell ein Verhaltensstandard erkennbar. Die Mitglieder einer Gruppe zeigen eine Uniformität, die negative Konsequenz nach sich ziehen können, wenn die Regeln verletzt werden; der sog. Gruppendruck. Dies ist bereits bei Kleinkindern erkennbar. Weicht man von den sozialen Normen der Gruppe ab, kann Nichtakzeptanz die Folge sein.[4]

Konformität, ist die Tendenz, aus normativen sozialen Gründen das Verhalten einer Gruppe anzupassen, d.h. die Verhaltensänderung wird angepasst, um weiter Teil der Gruppe zu sein (normativ sozialer Einfluss) und nicht um sie als Informationsquelle für das eigenen Verhalten zu nutzen, da man z.B. aufgrund einer neuen Situation nicht weiß, wie man sich verhalten soll (informativer sozialer Einfluss). Der Einfluss der Gruppe verleitet zu konformem Verhalten.[5]

Asch konnte durch seine Experimente nachweisen, wie soziale Normen, also explizierte und implizierte Regeln, in einer Gruppe, unser Verhalten beeinflussen.[6] In seinem Experiment stellte Asch eine physikalisch völlig eindeutige Situation dar. Die Gruppe, bestehend aus einem Probanden und eingeweihten Mitgliedern, sollte die gleiche Länge von drei Vergleichslinien gegenüber der Standardlinie bestimmen und laut verkünden.[7]

In mehreren Szenarien wurden den Teilnehmern zwei Karten gezeigt, eine mit der Standardlinie, die andere mit drei Vergleichslinien. In unterschiedlichen Durchläufen waren die eingeweihten Gruppenmitglieder angehalten, einstimmig eine falsche Antwort zu nennen. Die Situationen waren immer eindeutig, die Hypothese war, dass der Proband rational und objektiv richtig reagieren würde und sich gegen den sozialen Druck der Gruppe stellt. Das Ergebnis entsprach jedoch nicht den Erwartungen, die meisten Probanden zeigten einen verstärkten Grad der Konformität auf und passten sich der Gruppenmeinung an. Diese Hypothese wurde in einer Kontrollgruppe überprüft, indem man die Teilnehmer nicht im Vorfeld instruierte und die Abgabe dies Ergebnisses erfolgte schriftlich und nicht öffentlich ab. 95% gaben die richtige Antwort ab. Es galt nun die Einflussfaktoren für Konformität weiter zu prüfen, so wurden in weiteren Studien drei Faktoren variiert: die Größe der einstimmigen Mehrheit, es wurde eine weitere Person, die ebenfalls von der Gruppenmeinung abweicht hinzugefügt und die Größe der Diskrepanz zwischen dem korrekten physikalischen und dem gewählten Stimulus.[8]

Der normativ soziale Einfluss ist am stärksten, wenn man sich allein gegen die Gruppenmeinung stellt. Gibt es ein weiteres Mitglied mit einer abweichenden Meinung, lässt sich dem Gruppendruck leichter standhalten und die Konformität nimmt ab.[9]

---

[4] Vgl. Weinert (2004), S. 430
[5] Vgl. Cialdini et. al. (1991), S. 201ff.
[6] Vgl. Asch (1951), S. 177ff.; Vgl. Jonas et al. (2007), S. 379ff.
[7] Vgl. Aronson et al. (2014), S. 269.
[8] Vgl. Asch (1956), S. 6ff.
[9] Vgl. Aronson et al. (2014), S. 281-282.

Es konnten folgende Einflussfaktoren auf die Konformität bestimmt werden:[10]

- Gruppengröße: Die Konformität steigt, je größer die Mehrheit derjenigen Personen ist, die falsche Antworten gibt.

- Einstimmigkeit: Die Konformität sinkt, wenn mindestens eine weitere Person von der Gruppenmeinung abweicht.

- Bedeutung der Gruppe für einen selber: hoher normativer Druck entsteht mit Bedeutung der Gruppe für jemanden [11]

- Kultur: Kollektivistischen Kulturen zeigen eine höhere Konformität höher als in individualistischen Kulturen [12]

- Unmittelbarkeit: Nähe der Gruppe, räumlich und zeitlich, bei dem Beeinflussungsversuch.[13]

Experimente wie das Asch-Experiment zeigen in ihren Ergebnissen auf, dass die Beeinflussung der eigenen Meinung und das Verhalten, auch bei deutlich Komplexerem und Wichtigerem funktionieren. Die Anpassung der eigenen Meinung an die der Gruppen kann jedoch auch von deren Konstellation abhängig sein.[14]

1.2 Gruppendenken und deren negativer Einfluss auf betriebliche Entscheidungsprozesse

Wichtige Entscheidungen oder komplexe Fragestellungen in Unternehmen werden zunehmend von Gruppen getroffen. Seien es Arbeitsgruppen, Projektteams oder Gremien, stets besteht der Anspruch eine möglichst gute, wenn nicht sogar optimale Entscheidung zu treffen. Entscheidungsfindung ist eine wichtige Funktion von Gruppen, meistens arbeiten Gruppen besser und erfolgreicher als Einzelperson. Gruppenmitglieder verlassen sich auf das breitgefächerte Fachwissen und die unterschiedlichen Blickwinkel einzelner Mitglieder, streben gemeinsam nach der besten Antwort für die gesamte Gruppe, ohne den eigenen Vorteil zu suchen. Gruppenentscheidungen finden häufig eine höhere Akzeptanz im Unternehmen.[15] Doch die Entscheidungsfindung in Gruppen kann auch negative Auswirkungen haben. Wählt die Gruppe nicht das kompetenteste Mitglied, oder kann sich dieses Mitglied in der Gruppe nicht durchsetzen, beispielsweise durch starken Gruppendruck, kommt es zu Prozessverlust. Hier sind Aspekte der Gruppeninteraktion gemeint, welche die Entscheidungsfindung und das Problemlösungsverhalten beeinflussen. Dazu zählen auch Kommunikationsschwierigkeiten, beispielsweise wenn der Redner es nicht schafft die Mitglieder abzuholen. Aber auch wenn Informationen nicht preisgegeben werden und die

---

[10] Vgl. Jonas et al. (2014), S. 287-288.
[11] Vgl. Aronson et al. (2014) S. 281.
[12] Ebenda, S. 282ff.
[13] Ebenda, S. 280.
[14] Ebenda, S. 272-273.
[15] Vgl. Weinert (2004), S. 430

Gruppe sich auf die Informationen eines anderes Mitglieds stützen. Daher ist es in den Diskussionen wichtig, gerade am Anfang zeitlich ausreichenden Raum zum Austausch zu geben.[16]

Gruppendenken ist als „die Neigung von Mitgliedern einer kohäsiven Gruppe zu verstehen, sich bei einer Entscheidung so stark dem Gruppendruck anzupassen, dass sie nicht mehr kritisch denken und möglicherweise korrigierende Einflüsse von Personen ... zurückweisen"[17]

Der Psychologen Irving Janis entwickelte eine Theorie über das Gruppendenken; dem sogenannten Groupthink: die Neigung der Gruppenmitglieder, unbedingt an der Gruppensolidarität festzuhalten, Mängel oder Fehlentscheidungen werden dafür übersehen und als absurd abgetan. Janis kam er zu dem Entschluss, dass die Entscheidungen insbesondere durch gruppendynamische Ereignisse zustande kamen, da sich Mitglieder gegen ihre eigentliche Überzeugung der mehrheitlichen Meinung der Gruppe angeschlossen haben. Opfer rationalisieren die Gruppenentscheidungen und verdrängen ihre Zweifel, wird ihre Meinung nicht mehr gehört, sinkt die Motivation und die Folge ist Desinteresse. Diese Gruppenmitglieder sehen nach einigen Vorstößen keine Notwendigkeit mehr, sich weiter in die Gruppe und erledigen nur noch die Arbeiten, die unbedingt sein müssen. Die Gruppenmitglieder passen sich der vorherrschenden Meinung an, vertritt diese aber eigentlich nicht – Asch bezeichnet dies als Anpassungskonformität.[18]

„Gruppendenken beschreibt eine Form der Entscheidungsfindung, bei der der Erhalt der Gruppenkohäsion und der in der Gruppe bestehenden Solidarität wichtiger ist als eine optimale und realistische Berücksichtigung der Tatsachen."[19]

Eine Gruppe mit hoher Kohäsion und überzeugungskräftigen Führungskräften ist laut Janis besonders anfällig für Fehlentscheidungen. Je nach Kohäsion der Gruppe und dem dadurch entstehenden Druck nach Konformität können verschiedene Aspekte zu einem Fehlverhalten und dadurch zu einem negativen Einfluss auf die Entscheidungsfindung führen.[20]
Negative Folgen des Gruppendenkens sind beispielsweise der Verfall der geistigen Effizienz und des moralischen Urteilsvermögens. Mitglieder mit anderen, abweichenden Positionen halten die eigenen Einstellungen und Standpunkt zurück und unterdrücken eigene Gefühle, um mit der Mehrheit übereinzustimmen. Die Chance auf höhere Wirksamkeit und eine bessere Qualität der Gruppenergebnisse wird vertan. Die Entwicklung von Alternativplänen bleibt aus.[21]

---

[16] Vgl. Aronson et al. (2014), S. 325 -326
[17] Weinert (2004), S. 430
[18] Vgl. Janis (1972), S. 9.; Vgl. Janis (1982), S. 175
[19] Orth (2018), S. 130
[20] Vgl. Janis (1982), S. 174
[21] Vgl. Weinert (2004), S. 430

In Unternehmen findet sich oft noch immer vorherrschend der Top-down Ansatz in Entscheidungs- und Führungsfragen, dies nimmt den Mitarbeitern einen großen Teil des Gestaltungsspielraums und macht es schwer, die eigene Meinung zu vertreten. Führungskräfte sind daher gut beraten, bevorzugte Lösungen möglichst lange für sich zu behalten. [22]

Im Nachgang bedauern Gruppenmitglieder häufig, ihre Zweifel nicht geäußert zu haben. Selbstzensur ist eine Reaktion auf den Konformitätsdruck der Gruppe. Die Selbstzensur führt außerdem zur Illusion von Einstimmigkeit. Nicht jeder, der sich in der Diskussion ruhig verhält, stimmt automatisch zu. Dies kann Führungskräfte dazu verleiten, selbstgefällig Alternativen gar nicht erst in Betracht zu ziehen. [23]

Neben den fehlerhaften Entscheidungen der Gruppen, ist es erstaunlich, dass gerade Gruppen zu riskanten und extremen Entscheidungen neigen. Forschungen zeigen, dass Gruppen extremere Entscheidungen treffen als Einzelpersonen, geteilte Verantwortung lässt ein höheres Risiko bei der Entscheidung zu. In Diskussionen bewegt sich die Sichtweise ins Extreme – dieses Phänomen wird als Gruppenpolarisierung „Groupshift" bezeichnet. Die Polarisierung entsteht in den Gruppendiskussionen, wenn neue Ideen und Argumente von den einzelnen Mitglieder nicht in Erwägung gezogen worden. Neue Informationen begünstigen die ursprüngliche Tendenz und bestärkt das Mitglied. Neigen einzelne Gruppenmitglieder zur Selbstdarstellung, versuchen sie der Gruppe voraus zu sein und stellen extremere Versionen der Gruppenmeinung dar. Die Neigung einer Gruppe in Richtung „Risiko" überwiegt, da der Umgang in der Gruppe die Mitglieder mutiger und waghalsiger macht. Jeder möchte zeigen, dass er risikofreudig ist und die Verantwortung verwischt, da nach der Diskussion Einzelheiten nicht mehr den jeweiligen Mitgliedern zuzuordnen ist.[24]

Um den negativen Effekten von Groupthink und damit auch Groupshift präventiv entgegenzuwirken, lassen sich folgende Maßnahmen empfehlen: [25]

- Gruppenleiter sind unvoreingenommen, ermuntern zu Beiträgen
- Diskussionen zu alternativen Lösungen lässt der Gruppenleiter zu und fördert diese
- Gruppenmitglieder sind auch kritische Bewerter, äußern Zweifel und Bedenken
- Untergruppen werden als Experten genutzt
- Die Gruppe sollte nicht isoliert werden
- Alle Bedenken zu den Alternativen vortragen, eigene Schwachstellen überprüfen
- Zu jedem Vorschlag eine Gegenposition vertreten (sog. „Advocatus Diaboli")

---

[22] Vgl. Weinert (2004), S. 430
[23] Ebenda, S. 431
[24] Ebenda, S. 435
[25] Ebenda, S. 432

Zusammenfassend kann festgestellt werden, dass das Groupthink-Phänomen nicht komplett verhindert werden kann, da das Streben nach sozialen Kontakten eine tief verwurzelte Eigenschaft der Menschen ist und sich daher schwer vermeiden lässt. Um dauerhaft wirkende Erfolge zu verzeichnen, müssen Maßnahmen auf der Führungsebene des Unternehmens und auch in der Unternehmenskultur erfolgen. Führungskräfte sollen die Mitarbeiter ermutigen, eigenen Ideen zu formulieren und kritisches Denken soll zugelassen und sogar gefördert werden. Unvoreingenommene Gruppenleiter können die Mitarbeiter aus ihren Komfortzonen locken. [26]

2. Aufgabe C2 – Ängstlichkeit, Angststörungen, Abgrenzung Zwangsstörung von zwanghafter Persönlichkeitsstörung

2.1 Ängstlichkeit und deren Messbarkeit

Angst stammt ursprünglich vom lateinischen angustus und bedeutet „Enge", „Beklemmung".[27] Angst ist „ein Gefühl oder eine Stimmung der Beengtheit, Beklemmung oder Bedrohung, ein unangenehmer, spannungsreicher, oft quälender emotionaler Zustand bzw. ein negativer Erwartungsaffekt" und ist, „verbunden mit einer Minderung oder Aufhebung der willens- und verstandesmäßigen Steuerung der eigenen Persönlichkeit."[28]

Angst wird von jedem Menschen unterschiedlich – subjektiv – wahrgenommen. Sie ist wichtig, um in kritischen Situationen gewarnt zu sein und um erhöhte Aufmerksamkeit auf die Situation zu richten, um sich gar nicht erst in Gefahr zu begeben. Angst ist eine wichtige Schutzfunktion, indem sie den Körper bei drohender Gefahr alarmiert und mobilisiert.[29] Ist die Situation wieder ungefährlich, sollte auch die Angst verschwinden. Nimmt die Angst ein höheres Ausmaß an und verschwindet nicht, kann die Angst zur Krankheit werden. Man spricht dann von einer Angsterkrankung oder Angststörung und zählen zu den Neurosen. Neuroseformen wie depressive Neurose, die Konversionsneurose, die Zwangsneurose, die Charakterneurose und die Angstneurose werden hier genannt.[30]

Freud ist der Auffassung, dass Angst entsteht, wenn das Ich Gefahr läuft bedrohlichen Reizen nicht standzuhalten. Er kennt die Realangst, neurotische und die moralische Angst. [31]

Laut Hoyer und Mayer handelt es sich bei der Angst um eine Emotion. Daher muss Angst als komplexes Reaktionsmuster auf mehreren Ebenen verstanden werden, da neben dem Erleben auch das Verhalten integraler Bestandteil von Emotionen ist. Die Funktion von Emotionen ist die Disposition zu Handlungen, im Fall der Angst ist es die rasche Reaktion auf

---

[26] Vgl. Weinert (2004), S. 432
[27] Vgl. Brockhaus (1986), S.585
[28] Brockhaus (1986), S. 585
[29] Vgl. Pschyrembel Online (2016)
[30] Ebenda
[31] Vgl. Rammsayer, T., Weber, H., (2010), S. 33

Gefahr. Die vielfältigen emotionalen Reaktionen werden am häufigsten in drei Bereiche untergliedert: subjektiv (was wir sagen und denken), motorisch (was wir tun, z.B. Erstarren) und physiologisch (körperlicher Vorgang, z.B. hormonelle Ausschüttung).[32] Die Definition des Persönlichkeitsmerkmals Ängstlichkeit wird als das Erleben von Angst, welche den Organismus in einen affektiven Zustand versetzt definiert und ist folgendermaßen gekennzeichnet: [33]

- motorisch-expressives Verhalten
- subjektives Angsterleben
- physiologische Reaktionen (Erhöhung der Herzschlagrate, des Blutdrucks, Ausschüttung von Stresshormonen)

Angst bereitet auf Kampf- oder Flucht- Situation vor, indem es durch die Angst zu einer allgemein erhöhten Erregung, beispielsweise durch erhöhte Aufmerksamkeit, oder erhöhte Muskelspannung, kommt und schnelles Handeln ermöglicht. Angst kann in Form von Zustandsangst („state anxiety") oder als Ängstlichkeit, d.h. als Persönlichkeitsmerkmal („trait anxiety") auftreten. Da Angst auch zu starken Beeinträchtigungen führen kann, ist es notwendig normale Ängste von pathologischen zu unterscheiden. Angststörungen beeinträchtigen das Lebens, sobald die Ängste ohne reale Bedrohung auftreten, zu lange andauern und auch nach Beseitigung einer realen Bedrohung andauern.[34] Menschen mit ausgeprägter Angstsymptomatik stehen keine Bewältigungsstrategien oder beruhigende Erklärungskonzepte zur Verfügung, was starke Erwartungsängste zur Folge haben kann. Diese Menschen vermeiden die für sie Angst machenden Situationen und unterlassen wichtige Aktivitäten. Daraus resultieren Lebenseinschränkungen, die sehr Belasten und starkes Leiden verursachen. Um die Behandlungsbedürftigkeit und eine Diagnosestellung festzustellen, muss das Ausmaß der Lebenseinschränkungen betrachtet werden. Es muss unterschieden werden, ob es sich um eine normale und pathologische Angst handelt. Es muss ausgeschlossen werden, ob körperliche Ursachen und andere psychische Erkrankungen als Ursache für die Angstsymptomatik (z.B. Depressionen) in Frage kommen. Zusätzlich soll eine Unterscheidung zwischen objekt-/situationsunabhängiger Angst (Panikstörungen, generalisierte Angststörung) oder objekt-/situationsabhängiger Angst (Phobien) erfolgen.[35]

---

[32] Vgl. Hoyer & Markgraf (2003), S. 11
[33] Vgl. Salewski, C., Renner, B.: 2009, S. 134.
[34] Vgl. Morschitzky (2013), S. 19 ff.
[35] Ebenda

2.2 Ausmaß der Ängstlichkeit und angstbezogene Störungsbilder

Die Angststörungen zählen zu den Neurosen, welche laut Pschyrembel hauptsächlich in die Neuroseformen depressive Neurose, Konversionsneurose, Zwangsneurose, Charakterneurose und Angstneurose unterteilt werden.[36]

Um zu entscheiden, ob eine Angststörung vorliegt oder nicht, muss geprüft werden, ob spezifische Merkmale der internationalen Klassifikationssysteme vorliegen und damit eine Diagnosestellung rechtfertigen. Es müssen Symptome, Syndrome und die zeitliche Erstreckung betrachtet werden. Mit Hilfe des Ausschlussverfahrens der Syndrome wird die richtige Diagnose gefunden.[37]

In der psychiatrischen Praxis gibt es zwei Klassifikationssysteme zur Diagnose von psychischen Störungen: das ICD-10 „International Classification of Diseases" der Weltgesundheitsorganisation (WHO) und das DSM-IV „Diagnostical and Statistical Manual" der American Psychiatric Association". Das System ICD-10 wurde in Annährung an das amerikanische Diagnoseschema erstellt, dessen Klarheit und Präzision wurde jedoch nicht erreicht. Das ICD-10 System ist im klinischen Alltag praktikabler in der Anwendung. [38]

2.2.1 Generalisierte Angststörung

Die generalisierte Angststörung zeigt sich in mittel- bis langfristigen und vor allem exzessiven Befürchtungen. Oft spiegelt sich die Angst durch Sorgen um unterschiedliche Lebensbereiche, wie Gesundheit, Familie oder Finanzen wieder. Die Intensität des Angsterlebens ist Schwankungen unterworfen und kann sich ohne erkennbaren Grund verstärken. Die typischen Symptome wie erhöhte Anspannung, Nervosität, Erregung und damit verbundenes Herzrasen wird vom Betroffenen mit der Angst vor einer chronischen Krankheit assoziiert. Meist ist die generalisierte Angststörung chronisch und im Verlauf durch depressive Verstimmungszustände begleitet. Das Denken der Betroffenen ist durch drei Elemente gekennzeichnet. Zum einen stehen die Betroffenen ständig in innerer Beschäftigung mit einer möglichen Bedrohung und sind daher ständig auf der Hut. Dadurch geben sie sich ein Gefühl der Sicherheit, die Situation im Griff zu haben. Mehrdeutige Situationen werden immer als bedrohlich eingestuft, auch wenn sie es nicht sind. Zum anderen ist das Denken zukunftgerichtet auf mögliche Auswirkungen und Ereignisse, deren Folgen nicht absehbar sind. Die Wirkung auf Andere und die Sorge, welches Bild andere vom dem Betroffenen haben, ist das dritte Element. Die Sorge um die eigene körperliche Gesundheit ist bezeichnend im Gegensatz zum Gesunden, steht dies vor der Sorge um Familie oder den Finanzen. [39]

[36] Vgl. Zink (1990), S. 1165
[37] Vgl. Hoyer, Markgraf (2003), S. 21
[38] Vgl. Morschitky (2004)
[39] Vgl. Scheck (2004) S. 10

2.2.2 Phobische Störungen

Im ICD-10 wird die „Phobischen Störungen" mit F40.- codiert und beinhaltet die Agoraphobie, soziale Phobien, spezifische Phobien, sonstige phobische Störungen und nicht näher bezeichnete phobische Störung. Die Störungen, bei der die Angst ausschließlich oder überwiegend durch eindeutig definierte, eigentlich ungefährliche Situationen hervorgerufen wird. Diese Situationen werden typischerweise vermieden oder mit Furcht ertragen. Die Befürchtungen des Betroffenen beziehen sich auf Einzelsymptome, häufig gemeinsam mit Ängsten vor dem Sterben, Kontrollverlust oder dem Gefühl, wahnsinnig zu werden. Phobische Angst tritt häufig gleichzeitig mit Depression auf. [40]

2.2.3 Zwangsstörung

Laut DIMDI sind Zwangsstörungen definiert durch wiederkehrende stereotype Zwangsgedanken (z.B. Ideen und Vorstellungen) und Zwangshandlungen (z.B. bestimmte Handlungen oder Rituale). Die eigenen Gedanken sind quälend und unwillkürlich, der Betroffene empfinde diese als abstoßend. Die Zwangshandlungen sind Stereotypen mit ständigen Wiederholungen und dienen weder der Erfüllung nützlicher Aufgaben, noch werden sie als angenehm empfunden. Sie werden eher als Vorbeugung gegen Unheil oder ein schadenbringendes Ereignis erlebt, welches objektiv jedoch unwahrscheinlich ist und als sinnlos erlebt wird. Unterdrückung der Zwangshandlungen führt meist zur deutlichen Verstärkung der Angst. Im ICD-10 subsummiert sich unter den Zwangsstörungen (F42.-) vorwiegend Zwangsgedanken oder Grübelzwang, vorwiegend Zwangshandlungen (Zwangsrituale), Zwangsgedanken und -handlungen gemischt, sonstige Zwangsstörungen und nicht näher bezeichnete Zwangsstörungen. [41]

2.2.4 Belastungsreaktionen

Im ICD-10 werden zusätzlich die Reaktionen auf schwere Belastungen und Anpassungsstörungen (F-43.-) aufgeführt. Diese werden meist durch ein außergewöhnlich belastendes Ereignis oder besondere Veränderungen im Leben, die die zu einer anhaltenden unangenehmen Situation geführt hat, ausgelöst. Diese Störungen treten immer als Folge einer akuten Belastung oder eines Traumas auf. und hängen mit der individuellen Vulnerabilität und Resilienz zusammen. Die Störung kann als Anpassungsstörung gesehen werden, die eine Bewältigung behindern und daher zu Problemen der sozialen Funktionsfähigkeit führen.[42]

---

[40] Vgl. DIMDI ICD-10-GM (2013)
[41] Ebenda
[42] Ebenda

2.3 Abgrenzung Zwangsstörung von zwanghafter Persönlichkeitsstörung

Trotz vielfältiger Erscheinungsformen der Zwangssymptome, lässt sich eine immer gleichbleibende Struktur feststellen. Nach dieser setzt sich die Zwangserkrankung aus zwei Anteilen zusammen. Einerseits existiert die sogenannte Bedrohungsseite, welche Gedanken, Befürchtungen und Impulse in Verbindung mit spezifischen Gefühlen fokussiert. Diese signalisieren für Betroffene eine Gefahr für sich selbst oder in Bezug auf andere Personen. Der zweite Anteil der Zwangsstörung ist die sogenannte Abwehrseite zu erkennen, welche sich auf Maßnahmen bezieht, die der Zwang vorschreibt, um eine gefürchtete Bedrohung abzuwenden oder zu neutralisieren. Derartige Handlungen liegen meist sichtbar außerhalb des Bereichs „normaler" Vorsichtmaßnahmen, den Betroffenen ist die Übertreibung ihres Verhaltens bewusst. [43]

Betroffene sind erheblich in den unterschiedlichen Lebensbereichen beeinträchtigt, das Erleben des Zwangs ist das zentrale Element der Zwangsstörung, unabhängig von der Ausprägung. Das Verhalten wird zwar als krankhaft erkannt, es ist aber nicht möglich dagegen anzukämpfen. Dieses Merkmal grenzt die Zwangserkrankung deutlich von psychotischen Störungsbildern ab, die Betroffenen sind sich des Ursprungs bewusst. Behandlungsbedarf besteht, sobald die zwanghaften Handlungen und Gedanken das Alltagsleben sichtbar einschränken. Während die Zwangsstörung oft erst spät im Leben entsteht, besteht die zwanghafte Persönlichkeitsstörung oft schon bereits seit dem Kindes- oder Jugendalter, wobei die Symptome hier nicht als störend oder aufdrängend empfunden werden. [44]

Das Stellen der richtigen Diagnose, dient dem Zweck, den richtigen Behandlungsplan zu erstellen und eine Arbeitshypothese aufzustellen. In den Besprechungen mit den Betroffenen geht es darum die Ressourcen zu erkennen und diese in die richtige Richtung zu lenken, um alternative Handlungsmuster zu entwickeln. Oft genügt dies, um die Betroffenen zu unterstützen und die Strukturen gemeinsam zu verändern. Die klassischen Diagnosen unterstützen die Hypothesenbildung. [45] Die zwanghafte Persönlichkeitsstörung wird gem. ICD-10 den „Persönlichkeits- und Verhaltensstörungen" (F60-F69) zugeordnet und zählt hier zu den „Spezifischen Persönlichkeitsstörungen". [46]

Bei jedem Menschen bilden sich im Laufe des Lebens ein Spektrum an Gewohnheiten oder Ritualen aus. Allerdings werden diesen Handlungen und Gewohnheiten keine übermäßige Ernsthaftigkeit zugeschrieben. Sie sind eine harmlose Form des Zwangs im täglichen Leben, welche vertraut, aber nicht hinderlich sind. Von einer krankheitsbedingten Störung geht man erst aus, wenn die Zwangsstörung das alltägliche Leben durch die Zwangshandlungen stark

---

[43] Vgl. Hoffmann, Hoffmann (2011), S. 5f.
[44] Vgl. Reinecker (2017), S. 8 ff.
[45] Vgl. Sachse (2019), S. 4 ff.
[46] Vgl. DIMDI ICD-10-GM (2013)

beeinträchtigt. Zwangsstörungen stellen eine erstzunehmende psychische Störung dar, es gibt aber meist kein eindeutiges Erklärungsmodell für die Entstehung. [47]

Zwangsstörungen können in Verbindung mit Persönlichkeitsstörungen auftreten, der Zusammenhang zwischen einer Zwangserkrankung und der zwanghaften Persönlichkeitsstörung ist weniger ausgeprägt und ist keinesfalls als Vorstufe für die Entwicklung einer Zwangsstörung anzusehen. Sie sind als unabhängige, gegenseitig abgrenzbare Erscheinungsbilder zu betrachten. [48]

Bei der zwanghaften Persönlichkeitsstörung ist der Betroffene von der Richtigkeit des Verhaltens überzeugt und hat keine Zwangsgedanken und –handlungen. Es lässt sich ein durchgängiges Muster von Perfektionismus und Rigidität erkennen, das Bedürfnis nach Kontrolle wirkt sich negativ auf die sozialen Beziehungen aus. Ursächlich wird hier das Zusammenspiel von biologischen, psychischen und umweltbezogenen Faktoren angenommen. Durch hochgesteckte Normen und Ideale wird versucht, die durchweg pessimistische Grundhaltung dem Leben gegenüber zu genügen. Das Leben wird permanent als Anstrengung wahrgenommen, da nur ein möglichst großes Maß an Kontrolle erfolgversprechend wirkt. [49]

Die zwanghafte Persönlichkeitsstörung macht einen geringen Teil der Persönlichkeitsstörungen aus. Entscheidend für die Unterscheidung von Zwangsstörungen und zwanghafter Persönlichkeitsstörung liegt darin, dass sich Betroffene mit einer Zwangsstörung von ihrer Störung distanzieren und darunter leiden. Betroffene mit einer zwanghaften Persönlichkeit betrachten die Rituale und Handlungen als zu sich gehörig, als Teil ihrer Persönlichkeit. Aufgrund des fehlenden Leidensdrucks besteht in der Regel auch kein Wunsch nach Änderung oder Scham verhindert die Inanspruchnahme einer Psychotherapie. [50]

Die Zwangsstörung zählt zu den häufigsten psychischen Erkrankungen, die Erkrankung tritt im Mittel mit 20 Jahren auf und hat eine Dauer von 10-15 Jahren. All das erschwert den Therapieverlauf und die Fehldiagnosen führen zu einer Unter- oder Fehlversorgung der Betroffenen. Daher wurden in Deutschland evidenz- und konsensbasierte S3-Leitlinien entwickelt. Diese bilden die Behandlungsgrundlage bei Zwangsstörungen. Die Leitlinie gibt Empfehlungen für Diagnostik und Therapie und soll dem Betroffenen transparent den Behandlungsprozess und die eignen Möglichkeiten zur Beteiligung aufzeigen. [51]

Im Zuge der S3-Leitlinien wurde in Studien die kognitive Verhaltenstherapie als effektivste Therapieform mit der höchsten Wirkung bei Zwangsstörungen belegt. In der Kognitiven

---

[47] Vgl. Hoffmann, Hoffmann, (2011), S. 5f.
[48] Vgl. Ambühl, (2005), S. 40ff.
[49] Vgl. Hoffmann, Hoffmann (2011), S. 9f.
[50] Vgl. Reinecker (2017), S. 15f.
[51] Vgl. Hohagen et. al. (2014), S. 2

Verhaltenstherapie wird dem Bedürfnis nach rationalem, geordnetem Vorgehen durch klare Strukturen und sachliches Vorgehen entgegengekommen. Eine rein medikamentöse Therapie wird in den S3-Leitlinien nicht empfohlen, eine Kombination mit der Kognitiven Verhaltenstherapie kann die Effekte nachhaltiger machen. In psychoanalytischen und tiefenpsychologisch fundierten Therapien wird langfristig und strukturiert darauf hingearbeitet, dass Unsicherheiten überwunden und die Risikobereitschaft zu Veränderungen der Lebensbedingungen erhöht werden.[52]

Sofern eine Bereitschaft zur Änderung besteht, halten Betroffene meist an vorherrschenden Charaktereigenschaften, Einstellungen und Verhaltensweisen festgehalten und erschweren damit den Behandlungserfolg. Das Hauptproblem im Therapieprozess besteht darin, dass die Probleme meist nicht thematisiert werden. Die Störungsbilder sehr umfassend und tiefgehend und häufig weisen sie einen fließenden Übergang oder Kombination mit anderen Störungsbildern auf. Oft suchen Betroffene aus Angst vor Stigmatisierung Hilfe bei einem Therapeuten.[53]

3. Aufgabe C3 – Einstellungsbildung und Einstellungsänderung

3.1 Einfluss von Schockbilder auf Zigarettenpackungen

2015 waren weltweit rund 40 % der Männer ab 15 Jahren Raucher, das entspricht rund 1,09 Milliarden männlicher Konsumenten. Laut Prognose der Weltgesundheitsorganisation (WHO) könnten sich die Anzahl der Raucher ab 15 Jahren 2025 auf rund 16,2 Millionen belaufen. Rauchen bleibt auch künftig unter Männern verbreiteter als unter Frauen. Rauchen ist ein wesentlicher Risikofaktor für chronische Erkrankungen wie Herz-Kreislauferkrankungen und Atemwegserkrankungen. Giftige Substanzen im Tabakrauch sind krebserregend. 15 Prozent der Todesfälle bei Männern und 7 Prozent bei Frauen ist auf das Rauchen zurückzuführen. Der Anteil der Raucher geht grundsätzlich zurück, unter deutschen Jugendlichen ist dieser Trend sogar deutlich ausgeprägter als in der restlichen Weltbevölkerung. Als begünstigende Faktoren für diesen Trend werden Antiraucher-Kampagnen und staatliche Maßnahmen hervorgehoben, wie eingeschränkte Werbemöglichkeiten für Tabakprodukte und das seit 2008 in Kraft getretene Rauchverbot in der Gastronomie, wodurch auch das Passivrauchen deutlich zurückgegangen ist. Im Februar 2016 wurde ein neues Tabakerzeugnisgesetz beschlossen, mit dem die EU-Tabakproduktionsrichtlinien umgesetzt wurden. Nach dieser sollen Warnhinweise deutlich größer, nämlich 65 Prozent der Vorder- und Rückseite der Packung einnehmen. In anderen Ländern sind bereits großflächig die Schockbilder auf Zigarettenschachten eingeführt. Diese wurden allerdings in Umfragen meist als wirkungslos

---

[52] Vgl. Reinecker (2017), S. 32f.
[53] Vgl. Sachse (2019), S. 11f.

eingeschätzt. 85 Prozent der 2016 befragten Gelegenheitsraucher gaben an, die Schockbilder seien keine wirksame Maßnahme um vom Rauchen abzuhalten.[54] 1980 war die letzte Hochphase des Rauchens mit einem Pro-Kopf-Verbrauch von 2549 Stück im Jahr. 2015, als vor der gesetzlichen Regelung lag der Verbrauch pro Kopf bei 995 Zigaretten und 2018 waren es noch 900 Zigaretten, 2020 lag der Verbrauch bei 888 Zigaretten pro Einwohner. [55]

Eine Befragung der DAK 2018 bei rund 7000 Schülern in den Klassen fünf bis zehn ergab, dass Jugendliche, die noch nie geraucht haben, durch diese Ekelbilder abgeschreckt sind und die negative Haltung zum Rauchen verstärkt wurde. Bereits rauchende Schüler zeigten wenige Emotionen beim Betrachten der Schockbilder. [56]

Ob bei diesen Zahlen und Fakten tatsächlich von einer Einstellungsänderung durch Schockbilder auf Zigarettenpackungen ausgegangen werden kann, soll im Folgenden näher erläutert werden.

3.2 Einstellungsbildung und Einstellungsänderung

Reaktionen, egal ob positiv, negativ oder neutral gegenüber der eigenen oder anderen Personen, sowie Objekten oder Situationen, welche mit einer Wertung oder Erwartung verknüpft sind, werden als Einstellung bezeichnet.[57]

Eine Einstellung ist eine „psychische Tendenz, die dadurch zum Ausdruck kommt, dass man ein bestimmtes Objekt mit einem gewissen Grad an Zuneigung oder Ablehnung bewertet."[58]

Einstellungen können durch Valenz (Wertigkeit oder Richtung) und Stärke bewertet werden. Die psychologische Tendenz beschreibt einen veränderbaren inneren Zustand, stets durch aktuelle Interessen geprägt und über die Jahre hinweg immer wieder veränderbar. Die anderen Komponenten Einstellungsobjekt und dessen Bewertung, können sowohl positiv als auch negativ sein.[59]

Einstellungen helfen den Alltag zu strukturieren, sind nützlich beim Erlangen von Erfahrungen, vereinfachen Entscheidungen und beeinflussen die Selbstwahrnehmung positiv oder negativ.[60]

Die scheinbar bewusst wahrgenommenen und dem Bewusstsein zugänglicheren Einstellungen werden als explizite Einstellungen bezeichnet. Implizite Einstellungen beruhen hingegen auf Erfahrungen aus der Vergangenheit und können sogar unbewusst existieren. Der Unterschied der beiden Formen lässt sich an einem Beispiel kurz darstellen. Hat eine

---

[54] Vgl. Radtke (2021)
[55] Vgl. Statistisches Bundesamt (2021)
[56] Vgl. Ohne Verfasser (2018)
[57] Vgl. Fischer et al. (2014), S. 79-80.
[58] Eagly & Chaiken (1993), S.1
[59] Vgl. Fischer et. al. (2018), S. 96 ff.
[60] Vgl. Kratz, D. (1960), S. 163 - 204

Person eine negative, explizite Einstellung gegenüber dem Rauchen, ist die generelle Abneigung gegenüber dem Rauchen und Rauchern im Umgang mit ihnen irrelevant. Die Person ist in der Lage durch logisches Denken und Hinterfragung der eigenen Überzeugungen dies für ihr Verhalten relevante zu erkennen. Negative Erfahrungen mit dem Rauchen bereits im Kindes- oder Jugendalter, beispielsweise durch den Tod eines lieben Menschen oder durch negative Konfrontation, führt zu einer impliziten Einstellung, welche sich unbemerkt weiterentwickelt kann.[61]

Einstellungen werden hauptsächlich durch Lernprozesse gebildet und manifestiert, biologischen Ursachen, sind umstritten und werden hier außer Acht gelassen.

Hauptsächliche Aspekte der Einstellungsbildung sind kognitiver, affektiver oder verhaltensbasierter Basis. Die Kognitiv basierte Einstellungen beruhen auf Gedanken, Überzeugungen und Eigenschaften gegenüber Personen oder Objekten z.B. gefällt mir/ nicht, mag ich/ nicht und können positiv oder negativ geprägt sein. Kognitive Einstellungen sind hilfreich bei schnellen und unkomplizierten Entscheidungen. Affektive Einstellungen basieren dagegen auf Emotionen und äußern sich auch im Verhalten gegenüber dem Objekt, z.B. Wut, Trauer, Freude und können auf klassischer und operanter Konditionierung beruhen. Die klassische Konditionierung umfasst das gemeinsame Auftreten eines positiven oder negativen Reizes zusammen mit dem Einstellungsobjekt. Je nach Stärke des Reizes, kann eine passende Einstellung gebildet werden. Bei operanter Konditionierung bilden sich durch Belohnung oder Bestrafung einstellungsrelevanter Verhaltensweisen positive oder negative Einstellungen. Affektive Einstellungen bilden sich aus dem persönlichen Wertesystem, wie den religiösen und moralischen Überzeugungen. [62]

Verhaltensbezogene Einstellungen basieren auf eigenem Verhalten und Handlungen oder beobachtbares Verhalten in Verbindung, wie z.B. Freude, Trauer. Diese Einstellungen entwickeln sich besonders in Situationen, zu denen man im Vorfeld keine Einstellung hatte.[63] Einstellungen sind ein Produkt verschiedener Prozesse und entscheidend ist, welche der Komponenten vorherrscht.[64]

Einstellungen können verändert werden, am häufigsten durch sozialen Einfluss, aber auch durch persönliche Erfahrungen. Ist eine Einstellung stark und zentral manifestiert, ist sie stabiler und resistenter gegenüber Veränderungen.[65]

---

[61] Vgl. Kessler/Fritsche (2018), S. 55
[62] Vgl. Fischer et al. (2018), S. 106
[63] Ebenda
[64] Ebenda S. 87 ff.
[65] Vgl. Wänke & Bohner (2006), S. 405.

3.3 Methoden der Beeinflussung von Einstellungen

Kognitive Dissonanz, die persuasive Kommunikation, Emotionen und die dazugehörige Art der Einstellung sind Bedingungen, die mit einer Einstellungsänderung in Verbindung stehen.[66] Kognitive Dissonanz entsteht, wenn das Verhalten einer Person widersprüchlichen zu ihren Einstellungen ist.

Kognitive Dissonanz besteht, wenn „mindestens zwei verschiedene kognitive Inhalte, die wir erleben (z.B. Gedanken, Überzeugungen, Einstellungen, Wahrnehmung eigener Verhaltensweisen) nicht oder nur schwer miteinander vereinbar sind."[67]

Die Dissonanz erzeugt einen intensiven Druckzustand und provoziert eine Veränderung oder Beseitigung eines der Elemente, die diese Dissonanz erzeugen. Eine Verhaltensänderung geht auch mit Widerständen einher, es fällt den Menschen für gewöhnlich schwer Verhaltensweisen zu verändern, vor allem wenn diese eine Art Verlust darstellen. Verhaltensweisen, welche nicht der bewussten Kontrolle unterliegen sind sehr schwer änderbar.[68]

Persuasiv, bedeutet so viel wie überreden. Mittels persuasiver Kommunikation wird Einfluss auf die bestehende Einstellung durch kommunikative Mittel ausgeübt. Der Ursprung dieser Strategie ist der Yale-Ansatz. Die Effektivität dieser Art der Kommunikation ist abhängig davon, Wer sagt Was zu Wem. Ein Aspekt, der bei diesem Ansatz außen vor bleibt, ist der Weg der Verarbeitung der Informationen. So erfolgt die Überzeugung nicht nur durch Argumente, sondern ist auch stark von der Person abhängig, welche die Botschaft vermittelt.[69]

Einstellungsänderung durch Emotionen erfolgt durch eine Botschaft, z.B. durch ein Bild, welches an die Aufmerksamkeit appelliert. Mit dem Bild sollen damit verbundene emotionale Regung provoziert werden und durch diese Reaktion soll Einfluss auf die Einstellung genommen werden soll. Die jeweilige Grundstimmung der Person ist ein entscheidender Faktor. Personen mit trauriger oder ärgerlicher Stimmung lassen sich stärker in ihrer Einstellung beeinflussen als Personen in guter Stimmung. Die Gute Laune soll nicht verdorben werden und das gute Gefühl aufrechterhalten bleiben, daher wollen sich die gutgelaunten Personen weniger mit Aspekten auseinandersetzen, die die Stimmung verderben. Häufig genutzt ist die Methode der Furcht, die Emotion Angst wird vermittelt und kann eine Verhaltensänderung bewirken.[70] Die seit 2016 angebrachten Schockbilder auf Zigarettenpackungen zielen darauf ab, negative Emotionen zu verstärken oder zu erzeugen.

---

[66] Vgl. Fischer et al. (2018), S. 90
[67] Fischer et al. (2018), S. 20
[68] Vgl. Festinger (2012), S. 31-37
[69] Vgl. Aronson et al. (2014), S. 225
[70] Ebenda

Die Schockbilder appellieren an die Angst und sollen vom Rauchen abschrecken. Diese Methode wird als „Furchtauslösende Kommunikation" bezeichnet.[71]

Um Einstellungen zu beeinflussen, ist die Art ihrer Entstehung wichtig. Einstellungsänderung ist abhängig von der Art und der Kultur der Einstellung. Kognitiv basierte Einstellungen sind am besten durch Fakten und kognitiver Auseinandersetzung beeinflussbar. Affektiv basierte Einstellungen können über emotionale Zugänge erreicht und verändert werden. Durch die grundlegenden unterschiedlichen Einstellungsmuster hat die Kultur grundsätzlich einen Einfluss auf die Einstellungsänderung.[72]

Würde eine furchterregende Botschaft ausreichen, um eine Einstellung zu ändern, gäbe es wohl keine Raucher mehr. Es kann nicht eindeutig belegt werden, ob Schockbilder als alleinige Maßnahme zu einer tatsächlichen Einstellungsänderung führen. In Studien konnte belegt werden, dass die Aufmerksamkeit für die durch Rauchen verursachten Gesundheitsrisiken durch die Schockbilder und Warnhinweise erhöht wird. Die meisten Befragten gaben an, erst durch die Bilder auf die Gefahren aufmerksam gemacht worden zu sein. Sowohl bei Rauchern als auch bei Nichtrauchern konnte der Kenntnisstand über mögliche Schäden und Spätfolgen erweitert werden. Die effektivste Wirkung erzielt eine Kombination aus Text und Bildern, denn dadurch können starke emotionale Reaktionen erzeugt werden, welche sich auf das Rauchverhalten auszuwirken.[73]

Es hängt auch davon ab, ob durch die Angst vor Gefahren auf die Argumente geachtet und die Botschaft verstanden wird und wie dann die erregte Furcht vermindert wird. Wird die Kommunikation als zu bedrohlich wahrgenommen, kann die daraus resultierende Angst schnell zu Rückzug oder Verleugnung führen. Eine Auseinandersetzung mit dem Thema wird dann blockiert. Ein Überrumpeln durch intensive, plötzliche Angst, kann kontraproduktiv wirken und zum Verleugnen der Relevanz der Bedrohung führt zur Unfähigkeit darüber nachzudenken. Es ist wichtig furchtauslösende Kommunikation wohl dosiert einzusetzen, so dass die Motivation auf die Argumente zu achten, nicht durch Furcht gehemmt wird und es zur Ablehnung oder Missverständnissen kommt.[74]

Auch wenn diese Schockbilder in Umfragen nicht als ausschließlicher Auslöser zu geringerem Tabakkonsum belegt werden können, sind die Gesundheitswarnungen auf Zigarettenverpackungen das direkteste und auffälligste Mittel der Kommunikation mit Rauchern.[75]

[71] Vgl. Aronson et al. (2014), S. 230.
[72] Vgl. Aronson et al. (2014), S. 233
[73] Vgl. Statistisches Bundesamt (2021)
[74] Vgl. Aronson et al. (2014), S. 231 ff.
[75] Vgl. ohne Verfasser (2017), S. 15

Literaturverzeichnis

Ambühl, H. (2005): *Psychotherapie der Zwangsstörung.* Thieme Verlag: Stuttgart. 2 Auflage.

Aronson, E., Wilson, T.D. & Akert, R.M. (2008): *Sozialpsychologie.* Pearson Verlag. Halbergmoos. 6. Auflage.

Aronson, E., Wilson, T.D. & Akert, R.M. (2014): *Sozialpsychologie.* Pearson Verlag. Halbergmoos. 8. Auflage.

Asch, S. E. (1951): *Effects of group pressure upon the modification and distortion of judgements.* In: H. Guetzkow (Ed.), Groups, leadership and men (pp. 177-190). Pittsburgh/PA.

Asch, S. E. (1956): *Studies of independence and conformity: A minority of one against a unanimous majority.* Psychological Monographs, 70, (9, Whole N. 416).

Brockhaus (1986-1994 / 2001): *Brockhaus Enzyklopädie in vierundzwanzig Bänden,* F.A. Brockhaus Mannheim., 19. Auflage.

Cialdini, R. B., Kallgreen, C. A. & Reno, R. R. (1991): *A focus theory of normative conduct: A the-oretical refinement and reevaluation of the role of norms in human behavior.* Advances in experimental social psychology, Vol. 24, pp. 201-234. San Diego/CA.

DIMDI ICD-10-GM (2013): *Kapitel V Psychische und Verhaltensstörungen (F00-F99),* abgerufen 27.04.2021 URL: https://www.dimdi.de/static/de/klassifikationen/icd/icd-10-gm/kode-suche/htmlgm2013/block-f40-f48.htm

Eagly, A. H., Chaiken, S. (1993): *The psychology of attitudes.* Fort Worth, TX: Harcourt Brace Jovanovich.

Ekman, P. (2007): *Gefühle lesen. Wie Sie Emotionen erkennen und richtig interpretieren.* Übersetzt von Susanne Kuhlmann-Krieg, 1. Aufl., Spektrum Akademischer Verlag. München.

Fischer, P., Asal, K. & Krueger, J.I. (2014): *Sozialpsychologie für Bachelor.* Springer Verlag, Berlin.

Festinger, L. (1978): *Theorie der kognitiven Dissonanz,* hrsg. von: Martin, I., Möntmann, V. (2012) Huberverlag: Wien.

Hoffmann, N. Hoffmann B., (2011): *Wenn Zwänge das Leben einengen,* Springer Verlag: Berlin. 15. Auflage.

Hohagen, F., Wahl-Kordon, A., Lotz-Rombaldi, W., Muche-Borowski, C., (2014): *S3-Leitlinie Zwangsstörung,* Springer Verlag: Berlin.

Hoyer, J.; Margraf, J. (2003): *Angstdiagnostik – Grundlagen und Testverfahren,* Springer Verlag: Berlin.

Janis, I. (1972): *Victims of Goupthink: A Psychological Study of Forein-Policy Decicison an Fiascoes.* Boston: Houghton Mifflin.

Janis, I. (1982): *Goupthink: Psychological Study of Policy Decicison an Fiascoes.* Boston: Houghton Mifflin.

Jonas, K., Stroebe, W. & Hewstone, M. (2007): *Sozialpsychologie. Eine Einführung.* Berlin: Springer. 5. Auflage.

Jonas, K., Stroebe, W. & Hewstone, M. (2014): *Sozialpsychologie. Eine Einführung.* Berlin: Springer., 6. Auflage.

Katz, D. (1960): *The functional approach to the study of attitudes.* Public Opinion Quarterly.

Kessler, T., Fritsche, I., (2018): *Sozialpsychologie,* Springer Verlag: Berlin.

Morschintzky, H. (2004): *Angststörungen.* Springer Verlag: Wien. 3. Auflage.

Müsseler, J., Rieger, M. (2016): *Allgemeine Psychologie.* Springer Verlag: Berlin Heidelberg. 3. Auflage.

Ohne Verfasser (2018): *Ekelbilder auf Zigaretten wirken vor allem auf Nichtraucher. DAK-Studie bei Schülern.* abgerufen am 01.04.2021, URL: https://www.deutsche-apotheker-zeitung.de/news/artikel/2018/05/29/ekelbilder-auf-zigaretten-wirken-vor-allem-auf-nichtraucher

Ohne Verfasser (2017): *Wirksamkeit von bildlichen Warnhinweisen auf Zigarettenpackungen.* Wissenschaftliche Dienste. Deutscher Bundestag. abgerufen am 20.04.2021. URL: https://www.bundestag.de/resource/blob/511122/8ae51b807ef2d0ebd58e4f4747c4bee7/wd-5-024-17-pdf-data.pdf

Orth, H. (2018): *Sozialpsychologie,* 2. Aufl., Studienbrief der SRH Fernhochulen, Riedlingen.

Pschyrembel Online (2016): *Suchbegriff Angst* Pschyrembel Redaktion Abgerufen am 13.04.2021 URL: https://www.pschyrembel.de/Angst/K02DX und https://www.pschyrembel.de/Angstst%C3%B6rungen/K02E1

Rammsayer, T./Weber, H. (2010): *Differenzielle Psychologie – Persönlichkeitstheorien.* Hogrefe Verlag: Göttingen.

Radtke, R. (2021): *Rauchen- Statistiken und Zahlen.* abgerufen 01.04.2021, URL: https://de.statista.com/themen/150/rauchen/

Reinecker, H. (2017): *Ratgeber Zwangsstörung,* Hogrefe Verlag: Göttingen. 2. Auflage.

Sachse, R. (2019): *Persönlichkeitsstörungen. Leitfaden für die Psychologische Psychotherapie.* Hogrefe Verlag: Göttingen, 3. Auflage.

Salewski, C./Renner, B. (2009): *Differentielle Psychologie und Persönlichkeitspsychologie.* Reinhardt Verlag: München.

Statistisches Bundesamt (2021): *Annähernder Verbrauch von Tabakwaren* abgerufen am 15.04.2021, URL: https://www.dimdi.de/static/de/klassifikationen/icd/icd-10-gm/kode-suche/htmlgm2013/block-f40-f48.htm

Scheck, S. (2004): *Angststörungen,* München, GRIN Verlag, abgerufen am 27.04.2021 URL: https://www.grin.com/document/63449

Wänke, M., Bohner, G. (2006): *Einstellungen.* In: Bierhoff, H-W., Frey, D.: Handbuch der Sozialpsychologie und Kommunikationspsychologie, Hogrefe Verlag: Göttingen.

Zink, C. (1990): *Pschyrembel Klinisches Wörterbuch.* De Gryter Verlag: Berlin. 256 Auflage.